Nuestra Luna

por Debra Lucas

Consultant: Professor Robert Allen, Physics Department
Cowley Hall, University of Wisconsin-La Crosse

Libros
sombrilla
amarilla®
para lectores principiantes

Libros sombrilla amarilla are published by Red Brick Learning
7825 Telegraph Road, Bloomington, Minnesota 55438
http://www.redbricklearning.com

Editorial Director: Mary Lindeen
Senior Editor: Hollie J. Endres
Senior Designer and Illustrator: Gene Bentdahl
Photo Researcher: Signature Design
Developer: Raindrop Publishing
Consultant: Professor Robert Allen, Physics Department, Cowley Hall,
University of Wisconsin-La Crosse
Conversion Assistants: Katy Kudela, Mary Bode

Library of Congress Cataloging-in-Publication Data
Lucas, Debra
   Nuestra Luna / by Debra Lucas.
      p. cm.
   ISBN 13: 978-0-7368-7327-7 (hardcover)
   ISBN 10: 0-7368-7327-9 (hardcover)
   ISBN 13: 978-0-7368-7413-7 (softcover pbk.)
   ISBN 10: 0-7368-7413-5 (softcover pbk.)
   1. Moon—Juvenile literature. 2. Astronomy—Juvenile literature. I. Title.
   QB582.L83 2005
   523.3—dc22
                                                    2005015733

Adapted Translation: Gloria Ramos
Spanish Language Consultant: Anita Constantino

Photo Credits:
Cover: and Title Page: Corel; Page 2: Araldo de Luca/Corbis; Page 3: Gabe Palmer/Corbis;
Page 4: Dennis di Cicco/Corbis; Page 5: Galen Rowell/Corbis; Page 6: Digital Image/Corbis
(original image courtesy of NASA/Corbis); Page 10: NASA Photo/ZUMA Press; Page 11:
Gamma Presse; Page 12: Jupiter Images; Page 13: Digital Image/Corbis (original image
courtesy of NASA/Corbis); Page 14: Roger Ressmeyer/Corbis

1 2 3 4 5 6 11 10 09 08 07 06

Contenido

La Luna en el cielo

Selene, la diosa griega de la Luna

La Luna brilla en el cielo oscuro. Hace mucho tiempo la gente pensaba que la Luna era un dios o una diosa que vivía entre las estrellas.

Por la noche, la Luna es más brillante que cualquier otra estrella o planeta. Es nuestra vecina celestial más cercana. Pero, ¿cuánto sabemos acerca de la Luna?

La luz de la Luna

P: ¿Por qué brilla la Luna?

R: La Luna brilla porque **refleja** la luz del Sol. La Luna no puede crear su propia luz.

Mientras la Luna está en órbita alrededor de la Tierra, la luz del Sol brilla en la Luna. A veces la Luna es tan brillante que ilumina nuestro camino. A veces hasta podemos ver la Luna durante el día.

La Luna cambia

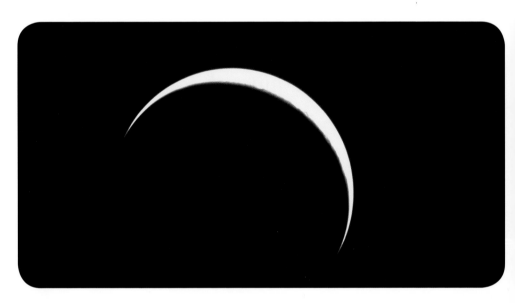

P: ¿Por qué cambia la forma de la Luna?

R: La Luna parece cambiar de forma debido a la manera que la ilumina la luz del Sol. A veces la Luna parece ser grande y redonda. Esto es porque la luz del Sol está iluminando un lado entero de la Luna.

Otras veces el Sol ilumina una parte pequeña de la Luna. Esto hace que la Luna sea una curva delgada en el cielo.

Las fases de la Luna

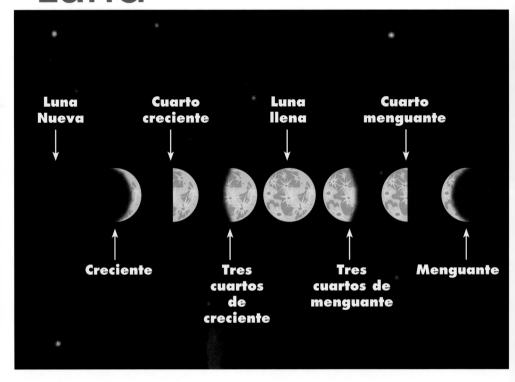

Luna Nueva → Creciente → **Cuarto creciente** → Tres cuartos de creciente → **Luna llena** → Tres cuartos de menguante → **Cuarto menguante** → Menguante

La Luna toma un mes para hacer una órbita alrededor de la Tierra. También toma un mes para pasar por sus diferentes fases.

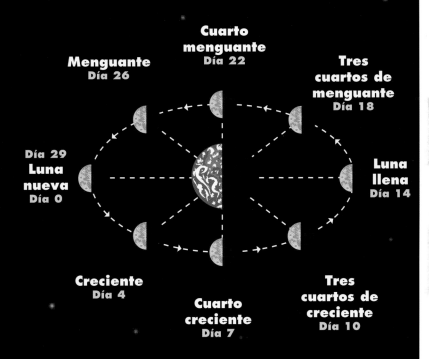

Menguante
Día 26

Cuarto
menguante
Día 22

Tres
cuartos de
menguante
Día 18

Día 29
Luna
nueva
Día 0

Luna
llena
Día 14

Creciente
Día 4

Cuarto
creciente
Día 7

Tres
cuartos de
creciente
Día 10

Las fases de la Luna

Un viaje a la Luna

P: ¿Alguna vez ha viajado alguien a la Luna?

R: En 1969, tres **astronautas** aterrizaron en la Luna por primera vez. Los astronautas tomaron fotos. También trajeron rocas de la Luna para estudiarlas en la Tierra.

P: ¿Hay **gravedad** en la Luna?

R: La Luna tiene menos gravedad que la Tierra. Por esta razón, si saltas en la Luna podrías alcanzar el techo de tu casa.

P: ¿Hay vida en la Luna?

R: La superficie de la Luna está compuesta de polvo, tierra, y rocas. En la Luna no hay ni viento ni agua. En la Luna no existen ni plantas ni animales.

P: ¿Es verdad que hay una cara en la Luna?

R: A veces cuando miramos la Luna parece que tiene una cara enorme. La verdad es que la superficie de la Luna tiene hoyos que se llaman **cráteres**. También tiene valles y colinas. Desde lejos, estos cráteres, valles y colinas parecen formar una cara.

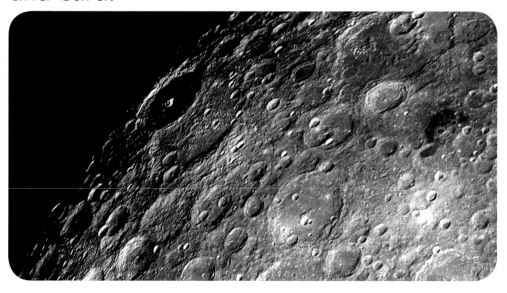

P: ¿Qué temperatura hace en la Luna?

R: La temperatura cambia mucho. Cuando hace mucho calor durante el día, puede medir +240 grados Fahrenheit (+116 grados centígrados). Cuando hace frío durante la noche, puede medir -260 grados Fahrenheit (-162 grados centígrados). Los astronautas necesitan trajes especiales cuando viajan a la Luna.

En el futuro, los científicos esperan construir estaciones espaciales en la Luna. Los astronautas podrían descansar allí cuando vayan de viaje a otros planetas.

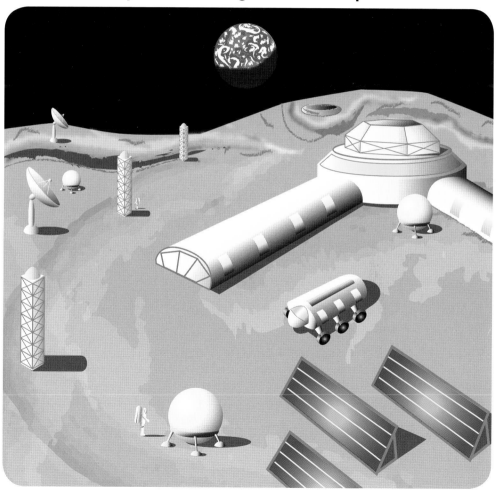

Glosario

astronauta una persona que viaja en el espacio

cráter un hoyo muy hondo en la superficie de la Luna

fases las diferentes formas por las cuales pasa la Luna

gravedad la fuerza que jala objetos hasta que se junten

órbita viajar en un círculo alrededor de algo, como un planeta. También es un círculo completo alrededor de un objeto, como un planeta

reflejar rebotar, como la luz del Sol en la Luna

Índice

Word Count: 462
Guided Reading Level: L